FUN WITH CUBAN TRES

Método del Tres Cubano

Online Audio   www.melbay.com/21069BCDEB

Audio Contents / Contenido de Audio

Cover photo courtesy of LoneStar Guitar Co. LPD Music International
www.lonestarguitars.com

2 3 4 5 6 7 8 9 0

Visit us on the Web at www.melbay.com — E-mail us at email@melbay.com

Introduction

Although the tres is an instrument unknown to many people, it lends itself quite well to many formats such as trios, quartets, and the classic Cuban conjuntos. This is particularly true of the tres' role in the *Son* style, due to its ability to lend this music truly unique feel, unlike any other. Through the years, much has been written about its origin and construction.

According to historians, the tres was born towards the end of the 19th century, in the eastern part of Cuba in the mountains of Santiago de Cuba. *Guajiros* (Cuban farmers) had begun to play the tres at social events (dances) called *guateques*. In fact, various craftsmen and players would fashion instruments from codfish boxes, using simple tools. Strings were made from wire, and the instrument was played using a pick or plectrum made of plastic or tortoise shell. The preferred body shape was somewhat pear-like in appearance. The Son developed as a danceable musical genre, mainly among the poorer classes in Cuba, with the tres as an integral part of the "Criollo" sound.

Changüi was another danceable genre of music that developed in Guantánamo province in Cuba, and it is similar to the Son, although it has a somewhat slower tempo in the *montuno* (improvised) section. The Son continued to develop throughout Cuba, from Oriente province to Havana, arriving at the capital around the beginning of the 20th century. It's important to acknowledge the legacy of such great *treseros* as Isaac Oviedo, "El niño" Rivera (Andres Echeverria), and Arsenio Rodríguez, whose talents and virtuosity set the standard for other players.

Likewise, we need to also be mindful of those great *soneros* who composed the songs that have become standards in the repertoire: "Echale Salsita" (Ignacio Píñeiro) "Son de la Loma" (Miguel Matamoro) "El Manizero" (Moisés Simons) "Cuidadito Compay Gallo" (Ñico Saquito). My motivation in creating this method is the interest I have in presenting what I know to anyone who shares an interest in the tres, and to do so in a way which is both easy to understand, as well as authentic.

Introducción

El tres por ser un instrumento musical poco conocido por muchas personas tiene muchos recursos que lo hacen destacar por su forma de ejecución en diferentes tipos de grupos musicales como son los trios, quintetos, cojuntos etc. En la música tradicional cubana y especialmente en el Son por su sabor criollo. A través de los años se ha escrito mucho sobre su origen y construcción, segun la historia a finales del siglo XIX en la parte Oriental de la isla por las montañas de Santiago de Cuba algunos Guajiros ya empezaban a tocar el tres monte adentro en sus típicas fiestas llamadas (Guateques). Inclusive algunos artesanos y treseros lo fabricaban de cajas de bacalao de forma rustica construido con sencillas herramientas de la época usando cuerdas de alambre o (acero) y tocado con una pua, plectro o uña hecha de plástico o carey. Su forma mas popular era parecido a una pera. El Son despertó como canción y género bailable entre el pueblo y principalmente entre la clase pobre.

El Changüi fue un género bailable que existió por la provincia de Guantánamo y es muy parecido al Son pero con una cadencia un poco mas lenta en el montuno, el Son se fue desarrollando a lo largo de las distintas zonas de Cuba desde Oriente hasta la Habana llegando a la capital como a principios del siglo XX.

Es importante destacar el legado que nos dejaron esos grandes treseros como "Isaac Oviedo," "El niño Rivera" y "Arsenio Rodríguez" de los cuales aprendimos mucho y realizaron de manera virtuosa un trabajo con este instrumento. Además de aquellos grandes soneros por mencionar algunos que escribieron temas típicos de la epóca y que hoy en dia se han hecho inmortales como: "Echale Salsita" (Ignacio Píñeiro) "Son de la Loma" (Miguel Matamoro) "El Manizero" (Moisés Simon) "Cuidadito Compay Gallo" (Ñico Saquito).

Mi motivación al realizar este método es el interés que tengo de transmitir mis conocimientos a toda persona interesada en el estudio del tres de la manera más fácil y tradicional posible el concepto y estudio de éste instrumento en el género del Son Cubano y poder continuar con el legado y tradición de nuestra música ya que existe muy poca información y cada vez son mas las personas interesadas en el estudio del mismo y su sabor Cubano.

Joel Peña

Index

Indice

Stringing and Tuning

In this method, I will show the student an approach that is both practical and traditional. The tres is a wonderful instrument that possesses the capability for a wide range of harmonic progressions and tumbaos (traditional rhythms). This method is geared to allow the student to learn the syncopated rhythms quickly and easily. The lessons present traditional syncopations and Cuban rhythms including the Son montuno, Boleros and Changüi, along with other more general concepts about the instrument's capabilities.

The tres is an instrument that has 6 strings in 3 courses of 2 strings. It can function as an accompanying instrument or as a "lead" instrument. There are several popular tunings, such as D major note/string combination (A/3, D/2, F#/1). Although this tuning is often utilized, it places excessive stress on the strings and can result in frequent broken strings or, in extreme cases, it can cause the bridge to separate from the instrument. Some other examples of tunings are (A/3, D/2, G/1), E minor (G/3, B/2, E/1) and C major (G/3, C/2, E/1). The C major tuning is the most widely-used by modern "treseros" (tres players), and it is the one that will be utilized in this book. In order to tune the instrument to a piano, the G is tuned to G below Middle C, C corresponds to middle C, and the E is the E above Middle C. The tres can also be tuned relatively; the 5th fret on the 3rd string will produce the note to tune the 2nd string, and fretting the 4th fret on the 2nd string will produce the note to tune the 1st string.

From the time the student begins practicing, care should be taken to maintain a posture that will ensure that the instrument is played correctly. The following points should be taken into account:

1. The peghead of the tres should not be any higher than the player's shoulder.

2. If using a strap, ensure that it's adjusted for a comfortable, snug fit that is not overly tight or restrictive.

3. Left-hand fingers should be kept as straight as possible when fretting notes.

4. Left-hand fingers are referred to in the following fashion: 1 (index), 2 (middle), 3 (ring), and 4 (pinky).

5. The left-hand thumb should not stick out over the upper edge of the fingerboard.

6. The initial exercises should be played using only down strokes with the right hand.

7. Once the student has gained facility with the exercises, alternate picking can be used. This will greatly enhance the ability to play faster on the instrument.

8. The student should completely master an exercise before proceeding to the next one.

Encordatura y afinación

En éste método quiero demostrar al alumno de una forma práctica y tradicional el estudio de éste maravilloso instrumento el cual tiene un sinfin de recursos armonias y tumbaos los cuales le servirán para un aprendizaje rápido y fácil con lecciones de sincopas tradicionalmente Cubanas como el Son montuno, Boleros, Changüi y un poco en general del trabajo que se puede realizar con este instrumento.

El tres es un instrumento compuesto por 6 cuerdas colocadas en 3 pares separadas, se puede usar como instrumento acompañante o como instrumento melódico o primo existen diferentes tipos de afinación por ejemplo: [La (3) Re (2) F# (1)] ésta afinación es bastante común pero a la misma vez las cuerdas quedan muy tensas y tiende a romper la cuerda y en algunas ocasiones a levantar el puente otro ejemplo es: [La (3) Re (2) Sol (1)] [Sol (3) Si (2) Mi (1)] y [Sol (3) Do (2) Mi (1)] ésta última afinación es muy utilizada por la nueva generación de treseros y será la que vamos a estudiar en este método. Cuando se vaya a afinar si nos guiamos por el Do central del piano (C) el siguiente Mi (E) es el mismo de la primera cuerda del tres, igual para el Do y el Sol, otra forma de como afinarlo es una vez que tengamos afinada la primera cuerda Mi (E) la segunda que seria Do (C) pisando el 4to traste (fr) tiene que sonar igual a la primera o sea Mi (E), y la tercera que seria Sol (G) pisando el 5to traste (fr) tiene que sonar igual a la segunda o sea Do (C).

Desde el momento que el alumno comienza el estudio debe de cuidar la postura adecuada para una mejor digitación del instrumento, a continuación algunos importantes ejemplos:

1 - El diapasón o brazo del tres no debe sobrepasar la altura del hombro del estudiante.

2 - Una vez que se coloque el instumento utilizando la correa se debe ajustar de manera que el instrumentista se sienta relaja do y no muy tenso el ajuste de la misma.

3 - Los dedos de la mano izquierda deben estar lo mas derecho posible.

4 - Los dedos de la mano izquierda se numeraran de la siguiente forma: el indice con el #1, el medio con el #2, el anular con el #3 y el meñique con el #4.

5 - El dedo de fijacion (el pulgar) no debe sobresalir por encima del diapasón.

6 - Los primeros ejercicios con la mano derecha se deben realizar pulzando las cuerdas hacia abajo.

7 - Una vez que el alumno tenga bastante práctica debe pulzar las cuerdas en ambas direcciones ya que ésto le dará una mayor velocidad.

8 - El alumno no debe comenzar con un nuevo ejercicio si no tiene el dominio de las lecciones y ejercicios anteriores.

Tuning Used in this Book
Afinación en este método

disc Track - *Pista 1*

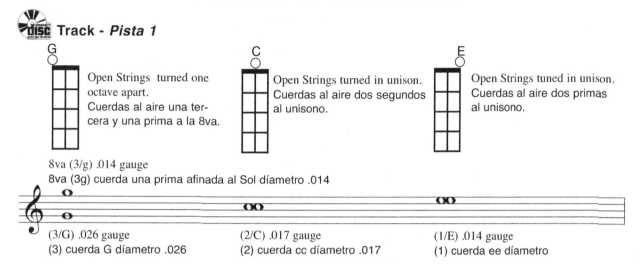

G
Open Strings turned one octave apart.
Cuerdas al aire una tercera y una prima a la 8va.

C
Open Strings turned in unison.
Cuerdas al aire dos segundos al unisono.

E
Open Strings tuned in unison.
Cuerdas al aire dos primas al unisono.

8va (3/g) .014 gauge
8va (3g) cuerda una prima afinada al Sol díametro .014

(3/G) .026 gauge
(3) cuerda G díametro .026

(2/C) .017 gauge
(2) cuerda cc díametro .017

(1/E) .014 gauge
(1) cuerda ee díametro

Note: String pairs are denoted thusly in this book: (gG) (cc) (ee). The numbers that appear in parentheses under each staff indicate the string being played, e.g. (3) third string, (2) second string, etc. The numbers that appear above each note indicate which left-hand finger is used to fret the note, e.g. 1/2/3/4. The staff also shows the 3 pairs of strings as they are tuned, along with the gauge of string to be used, i.e. .026, .017, .014.

Some players use a slightly different string configuration for the 1st string; instead of "ee", they use "Ee" (larger gauge/smaller gauge pair), which produces a "darker" sound, more like a piano. See below:

Nota: Pares de cuerdas en la afinación de este método: (gG) (cc) (ee) los números que aparecen entre paréntesis debajo de cada pentagrama indicaran las cuerdas a tocar (Eje: (3) tercera (2) segunda (1) primera) y los números que aparecen en la parte superior de cada nota representan los dedos de la mano izquierda en todo este método (Eje: 1 2 3 4). En el 1er pentagrama se observa los 3 pares de cuerda como van afinado e incluso el díametro de la cuerda a usar en cada par de cuerdas Eje: (.026, .017, .014).

También tenemos la afinación exactamente igual al ejemplo de arriba pero muchos treseros en vez de colocar dos "ee" en las 1ras cuerdas colocan "Ee" logrando una sonoridad más grave parecida al piano. Eje: abajo a continuación.

disc Track - *Pista 2*

8va (3/g) .014 gauge
8va (3g) cuerda una prima afinada al sol díametro .014

(1/E) .014 gauge
(1) cuerda e díametro .014

(3/G) .026 gauge
(3) cuerda G díametro .026

(2/C) .017 gauge
(2) cuerda cc díametro .017

(1/E) .026 gauge tuned 1 8va lower
(1) cuerda G díametro .026 afinada al E una 8va baja

Tuning Similar to a Guitar
Afinación igual a la guitarra

 disc Track - *Pista 3*

8va (3/g) .014 gauge
8va (3) cuerda una prima afinada al g díametro .014

(3/G) .026 gauge
(3) cuerda G díametro .026

(2/B) .017 gauge
(2) cuerda BB díametro .017

(1/E) .014 gauge
(1) cuerda ee díametro .014

Track - *Pista 4*

(G)
(3) String
Sol (G)
(3) cuerda

(C)
(2) String
Do (C)
(2) cuerda

(E)
(1) string
Mi (E)
(1) cuerda

Note: Use downstrokes (⊓) for all exercises initially.
Nota: Práctiquense todos estos ejercicios pulsando las cuerdas hacia abajo (⊓)

Track - *Pista 5*

(3)   (2)   (1)

(3) (2) (1)   (1) (2)   (3)   (1)   (2)   (3)   (2)

Lesson 1 / Lección 1
The First 3 Notes on All Strings
Las 3 primeras notas en todas las cuerdas

Ex. 1 First string - E
Ejercicio 1 Cuerda 1ra Mi (E)   **Track - *Pista 6***

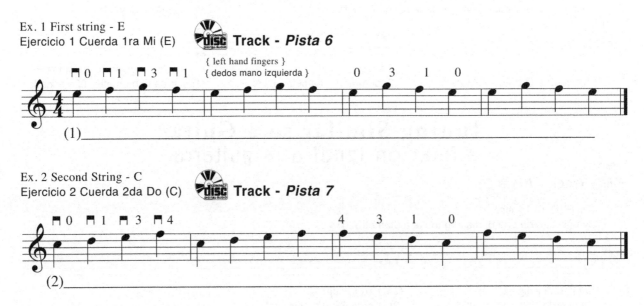

Ex. 2 Second String - C
Ejercicio 2 Cuerda 2da Do (C)   **Track - *Pista 7***

Exercise for the 3rd string - G
Ejercicio 3 Cuerda 3ra Sol (G)  **Track -** *Pista 8*

Practicing Using All 3 Strings
Práctica para las 3 cuerdas

 **Track -** *Pista 9*

 **Track -** *Pista 10*

Learning the notes on the fretboard
Estudio de todas las notas en el diapasón

On this page, the student will begin to learn the majority of the notes and chords on the tres; remember that open strings represent a C major chord, i.e, (gG cc ee).

In the diagram below, note the notes that correspond to each fret/string combination on the fretboard, beginning with the open strings.

En ésta página el alumno va a comenzar a aprender la mayoria de las notas y acordes en el diapasón del tres; recordando que las 3 primeras cuerdas al aire representan el acorde de Do mayor (C) ejemplo: (gG cc ee).

En la siguiente tabla observese las cuerdas y los trastes (fr) en la parte derecha de cada traste, comenzando desde las cuerdas al aire.

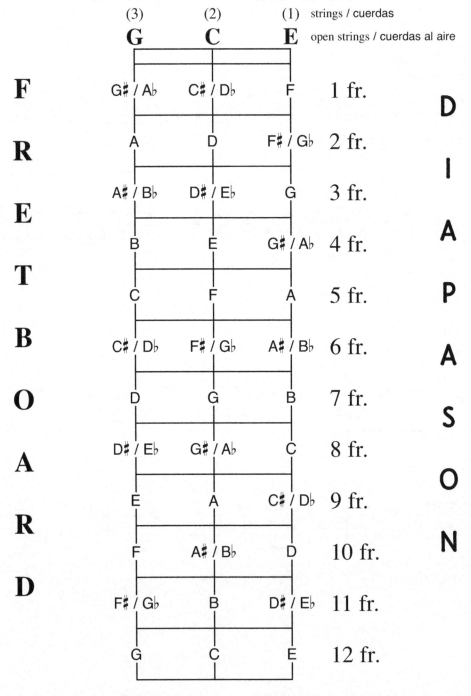

(3)	(2)	(1)	strings / cuerdas
G	**C**	**E**	open strings / cuerdas al aire
G♯ / A♭	C♯ / D♭	F	1 fr.
A	D	F♯ / G♭	2 fr.
A♯ / B♭	D♯ / E♭	G	3 fr.
B	E	G♯ / A♭	4 fr.
C	F	A	5 fr.
C♯ / D♭	F♯ / G♭	A♯ / B♭	6 fr.
D	G	B	7 fr.
D♯ / E♭	G♯ / A♭	C	8 fr.
E	A	C♯ / D♭	9 fr.
F	A♯ / B♭	D	10 fr.
F♯ / G♭	B	D♯ / E♭	11 fr.
G	C	E	12 fr.

(Left margin: **FRETBOARD**)
(Right margin: **DIAPASON**)

The notes continue similarly until the final fret, 17, 18, 19 etc, which varies according to each instrument's construction.

Continua asendentemente 17, 18, 19 etc, hasta el ultimo traste (fr) segun la construcción de cada instrumento.

C Major Scale in Circular Form
Escala de Do mayor en forma circular (C)  Track - *Pista 11*

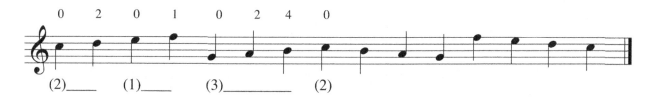

C Major Scale
Escala de Do mayor natural (C)  Track - *Pista 12*

Note: Alternate picking (⊓∨) should be used from this point forward.

Nota: A partir de éste momento el alumno va a comenzar la práctica de el toque con alza-pua en ambas direcciones (⊓∨) para el desarrollo de la velocidad de la mano derecha.

Simple Exercise in Son Style
Simple ejercicio al estilo Son

Major Chords in 1st position
Acordes mayores 1ra Posición

Track - *Pista 14*

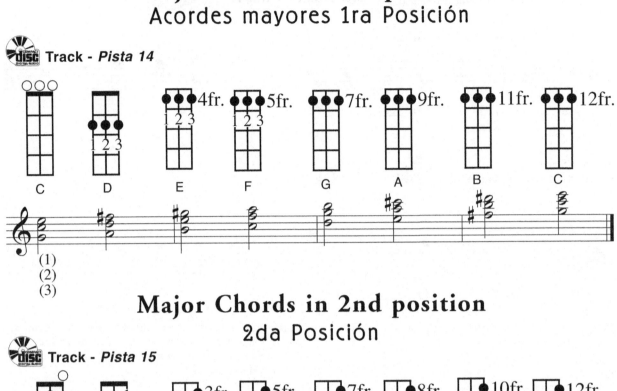

Major Chords in 2nd position
2da Posición

Track - *Pista 15*

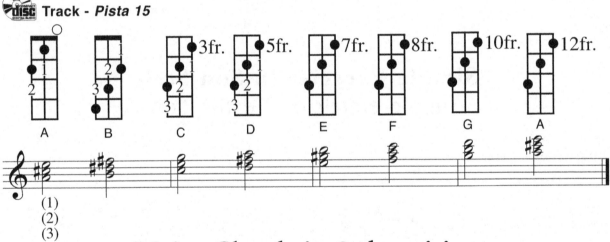

Major Chords in 3rd position
3ra Posición

Track - *Pista 16*

Lesson 2
Lección 2

Exercise in C Major
Ejercicio en Do mayor (C) **Track - *Pista 17***

Exercise 2
Ejercicio 2 **Track - *Pista 18***

Loaded Dice
La Brocha

Track - *Pista 19*

(DR)

Note: Repeat as necessary for the arrangement.
Nota: Se repite todas las veces necesarias segun
el arreglo.

D Major Scale
Escala de Re mayor natural (D) 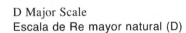 **Track - *Pista 20***

D Major Scale, alternate option
Escala de Re mayor 2da opción (D)  **Track - *Pista 21***

Scale exercise in D Major
Ejercicio sobre las escalas de Re mayor (D)  **Track - *Pista 22***

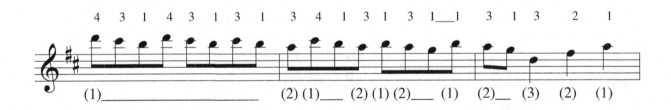

Note: In this example 1 ___ 1 denotes a half-barre with the first finger of the left hand.

Nota: En éste ejemplo 1 ___ 1 significa media barra con el dedo índice de la mano izquierda.

Exercises with Altered Tones for the Left Hand
Ejercicios con alteraciones para la mano izquierda

The altered tones are simply accidentals added to the notes already studied, raising or lowering them by a half step, e.g. C to C# or D to Db.

Las alteraciones no es mas que el estudio de las notas cromáticas que ya conocemos aumentandoles o disminuyendoles un semitono por ejemplo: C a C# o de D a Db.

Exercise 1 on 3rd string
Ejercicio 1 en 3ra cuerda — Track - *Pista 23*

Exercise 2 on 2nd string
Ejercicio 2 en 2da cuerda — Track - *Pista 24*

Exercise 3 on 1st string
Ejercicio 3 en 1ra cuerda — Track - *Pista 25*

G major scale
Escala de Sol mayor natural (G) — Track - *Pista 26*

G major scale (2nd option)
Escala de Sol mayor natural (G) 2da opción — Track - *Pista 27*

Triplets
Los tresillos

Triplets in C Major
Tresillo 1 en secuencia de Do mayor (C) 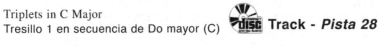 Track - *Pista 28*

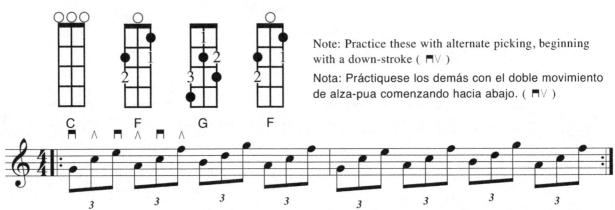

Note: Practice these with alternate picking, beginning with a down-stroke (⊓∨)

Nota: Práctiquese los demás con el doble movimiento de alza-pua comenzando hacia abajo. (⊓∨)

Note: In this section, we begin studying triplets using the major chords that have already been learned in all positions. The student should pay attention to left-hand movement, and note that each triplet consists of notes in a chord that has already been presented, although in each example the chord can occur in any of the 3 different positions already shown. Each tumbao will not necessarily stay in the same position.

Nota: En ésta parte vamos a comensar a estudiar los tresillos con los acordes mayores ya estudiamos en todas las posiciones, el alumno debe prestar atención al movimiento de la mano izquierda, y fijarse que cada tresillo es un acorde ya estudiando aunque en cada ejemplo, puede cambiar en las 3 diferentes posiciones que ya conocemos y no necesariamente la secuencia del tumbao va a ser en una sola posición.

Triplets in D Major
Tresillo 2 en secuencia de Re mayor (C) 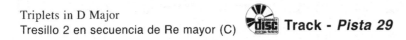 Track - *Pista 29*

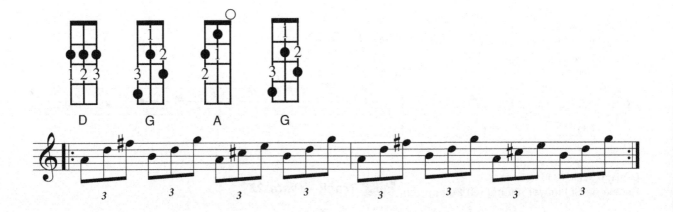

Triplets in E Major
Tresillo 3 en secuencia de Mi mayor (E)  Track - *Pista 30*

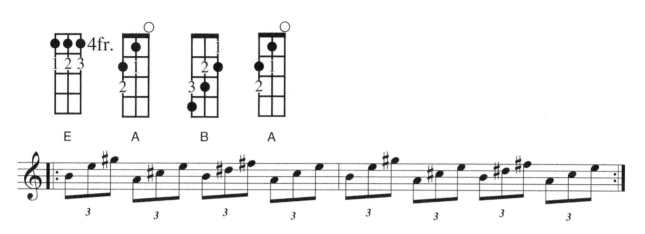

Triplets in G Major
Tresillo 4 en secuencia de Sol mayor (G)  Track - *Pista 31*

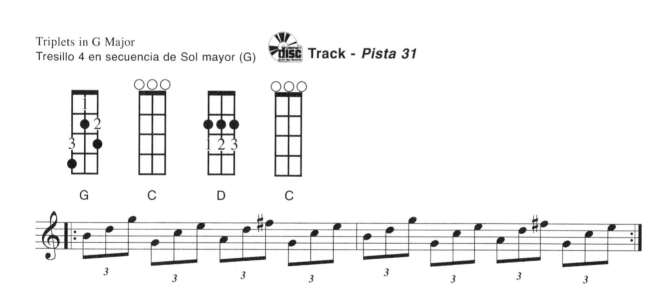

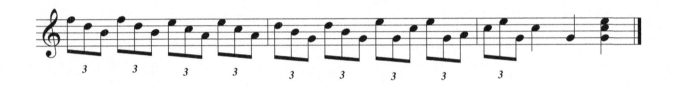

Half-Barre Study
Estudio de la media barra

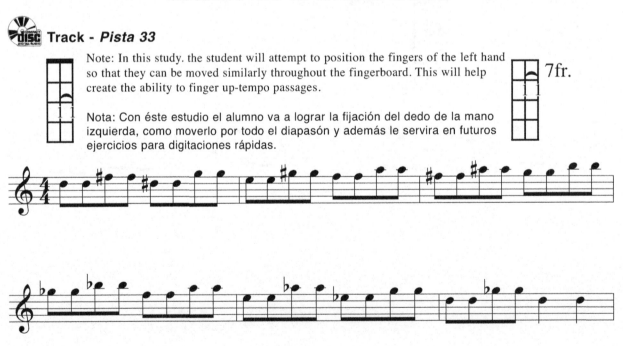

Track - *Pista 33*

Note: In this study. the student will attempt to position the fingers of the left hand so that they can be moved similarly throughout the fingerboard. This will help create the ability to finger up-tempo passages.

Nota: Con éste estudio el alumno va a lograr la fijación del dedo de la mano izquierda, como moverlo por todo el diapasón y además le servira en futuros ejercicios para digitaciones rápidas.

7fr.

Note: The first finger should remain in place throughout this exercise beginning at the 2nd fret.

Nota: Comenzando desde el 2do traste (fr) apollando el dedo 1 sin levantarlo y desplazando los demas

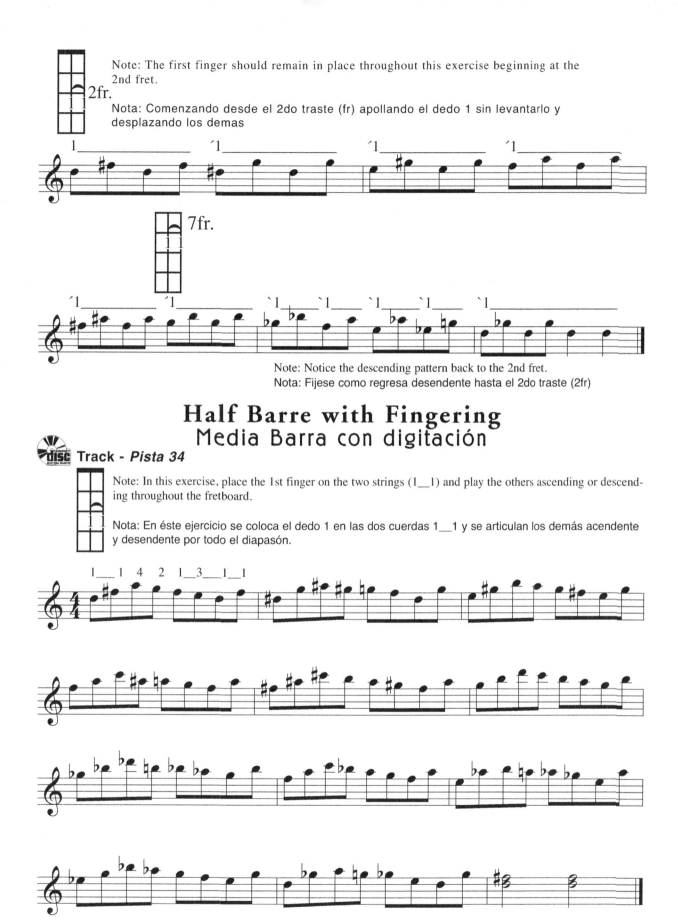

Note: Notice the descending pattern back to the 2nd fret.
Nota: Fíjese como regresa desendente hasta el 2do traste (2fr)

Half Barre with Fingering
Media Barra con digitación

Track - *Pista 34*

Note: In this exercise, place the 1st finger on the two strings (1__1) and play the others ascending or descending throughout the fretboard.

Nota: En éste ejercicio se coloca el dedo 1 en las dos cuerdas 1__1 y se articulan los demás acendente y desendente por todo el diapasón.

Lesson 3
Lección 3

E Major Scale in Circular Fashion
Escala de Mi mayor circular (E)   **Track - *Pista 35***

E Major Scale in Alternate Option
Escala de Mi mayor otra opción (E)   **Track - *Pista 36***

Practical Exercise
Ejercicio Práctico   **Track - *Pista 37***

F Major Scale
Escala de Fa mayor (F)   **Track - *Pista 38***

F Mayor Scale Alternate Option
Escala de Fa mayor 2da opción (F) 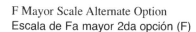 **Track - *Pista 39***

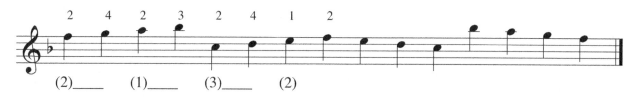

Exercise 1
Ejercicio 1  **Track - *Pista 40***

19

Using the Barre
Estudio de la Barra

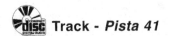 Track - *Pista 41*

Note: Practice these barre exercises in an ascending fashion. Once the student has mastered this, then practice in descending fashion, with the 1st finger on the fretboard as illustrated in the diagram at the left.

Nota: Práctiquese éstos ejercicios de barra de forma acendente y una vez que se dominen se deben prácticar de forma desendente tono por tono con el dedo 1 colocado en el diapasón como lo muestra la figura.

Rita la Caimana

Son Montuno
Luís Hierrezuelo

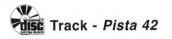 Track - *Pista 42*

Coro (response)

Guia (call)

Note: Repeat as needed.
Nota: Se repite las veces necesarias.

Dominant Seventh Chords
Acordes de 7ma mayores

Track - *Pista 43*

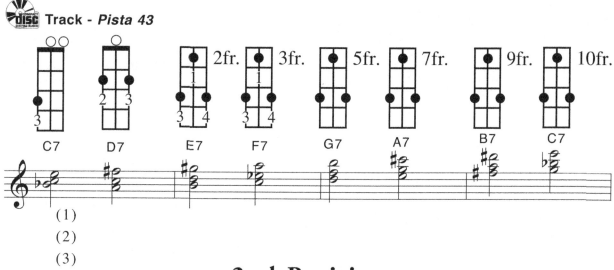

Track - *Pista 44*

2nd Position
2da Posición

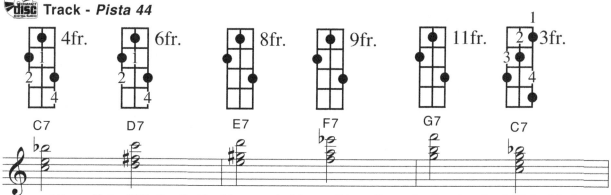

(1) Note: **Notice that in this example it's possible to finger the C major chord (C) in this 2nd position, adding the 7th with the 4th finger.

(2) Nota: **Obsérvese en éste ultimo ejemplo como se puede poner el acorde de (C) en 2da

(3) posición y agregar la 7ma con el dedo 4**

3rd Position
3ra Posición

Track - *Pista 45*

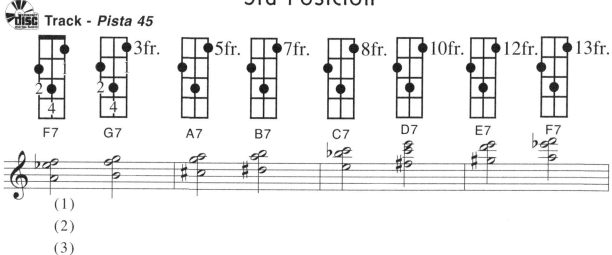

C 7 Tumbao

Track - *Pista 46*

A Major Scale
Escala de La mayor (A) Track - *Pista 47*

Practical Exercise
Ejercicio práctico Track - *Pista 48*

B Major Scale
Escala de Si mayor Track - *Pista 49*

Minor Chords in 1st Position
Acordes Menores 1ra Posición

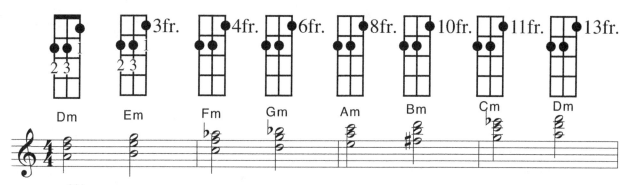

(1)
(2)
(3)

2nd Position
2da Posición

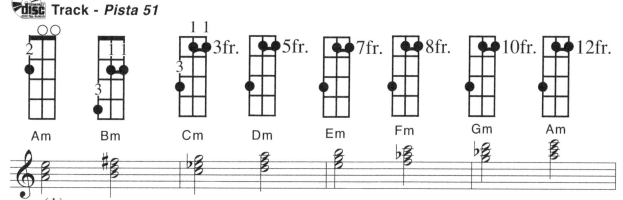

(1) Note: The student should note that these 2nd position exercises utilize the half barre used in previous exercises.
(2) Nota: El alumno debe tener en cuenta en éstos acordes de 2da Posición el uso de la media barra que estudiamos en ejercicios anteriores.
(3)

3rd Position
3ra Posición

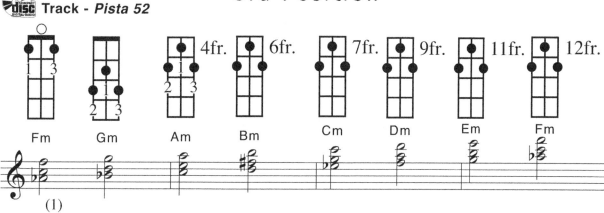

(1)
(2)
(3)

Simple Tumbaos in Minor Keys
Tumbaos sensillos en tonos menores

D Minor Tumbao
Tumbao en Re menor (Dm)  Track - *Pista 53*

Tumbao 2 Track - *Pista 54*

Guajira

Track - *Pista 55*

Veinte Años

Maria Teresa Vera

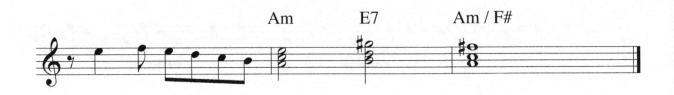

Dos Gardenias

Track - *Pista 57*

Isolina Carrillo

Note: It's useful to point out that these classic Cuban songs have been presented in this book in the most practical manner to enable the student to learn them. Be mindful, however, that there are other possible harmonic and melodic options.

Nota: Es bueno destacar que estas canciones clásicas de la música cubana, se han escrito en éste método de la forma mas práctica posible para el aprendizaje del alumno, pero no dejando pasar por alto que en dependencia de la habilidad de cada estudiante, pudiera haber algunos cambio melódicos y armónicos.

Lesson 4 - Minor Scales
Lección 4 - Escalas menores

G Minor Scale — Track - *Pista 58*

A Minor Scale
Escala de La menor (Am) — Track - *Pista 59*

B Minor Scale
Escala de Si menor (Bm) — Track - *Pista 60*

C Minor Scale
Escala de Do menor (Cm) — Track - *Pista 61*

D Minor Scale
Escala de Re menor (Dm) — Track - *Pista 62*

E Minor Scale
Escala de Mi menor (Em) — Track - *Pista 63*

Study in Thirds
Estudio de Terceras

In C Major
En Do mayor (C) **Track - *Pista 64***

Exercise Using All Strings
Práctica para todas las cuerdas

Track - *Pista 65*

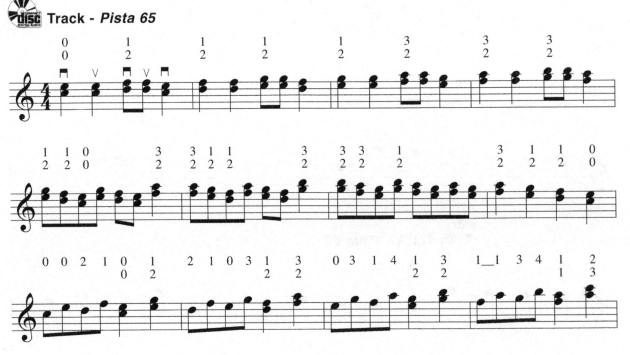

Chromatic Scale Study
Estudio de escalas cromáticas

G Chromatic Scale
Escala cromatica en Sol (G) 💿 **Track - *Pista 66***

31

C Chromatic Scale
Escala cromática en Do (C) 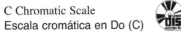 **Track - *Pista 67***

(3)_____ (2)_____ (1)_____

(1)_____ (2)_____ (3)_____

E Chromatic Scale - circular form
Escala cromática en Mi (E) en forma circular  **Track - *Pista 68***

(1)_____ (3)_____ (2)_____

(2)_____ (3)_____ (1)_____

Practical Exercise 1
Ejercicio práctico 1  **Track - *Pista 69***

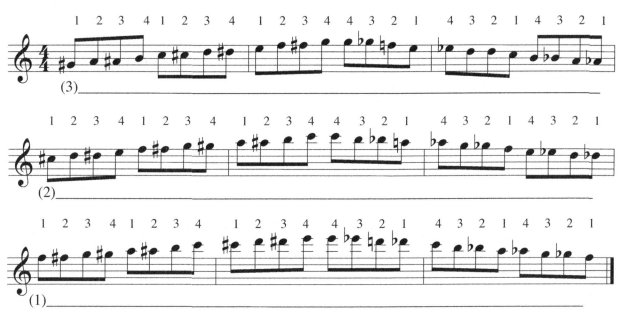

Study Using Hammer-ons and Pull-offs
Estudio de ligaduras

With the tres, as with the guitar, hammer-ons and pull-offs are often used to give each tumbao or melody a unique sound. The following exercises will serve as a framework for possible ways to vary the character of songs by varying the way in which notes are produced. The most common hammer-on occurs when the string is sounded, and a subsequent note is hammered-on with a left-hand finger, as shown in the following exercises.

En el tres como en la guitarra también usamos frecuentemente el ligado (legato) para darle a cada melodia o tumbao un sonido diferente. Los siguientes ejercicios van a servir como base para futuros adornos y melodias en diferentes canciones. El ligado mas común es en el cual se toca la cuerda y la próxima nota se produce con un dedo de la mano izquierda como veremos en los siguientes ejercicios.

Exercise 1
Ejercicio 1 Track - *Pista 71*

Exercise 2
Ejercicio 2 Track - *Pista 72*

Exercise 3
Ejercicio 3 Track - *Pista 73*

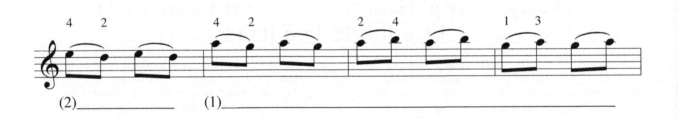

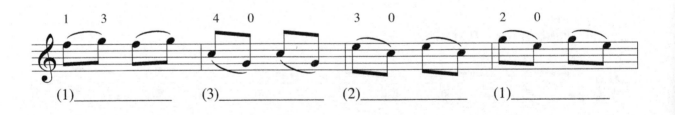

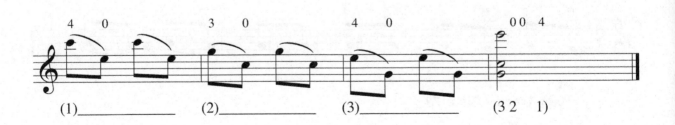

Lesson 5 - Different Tumbaos
Lección 5 - Diferentes tumbaos

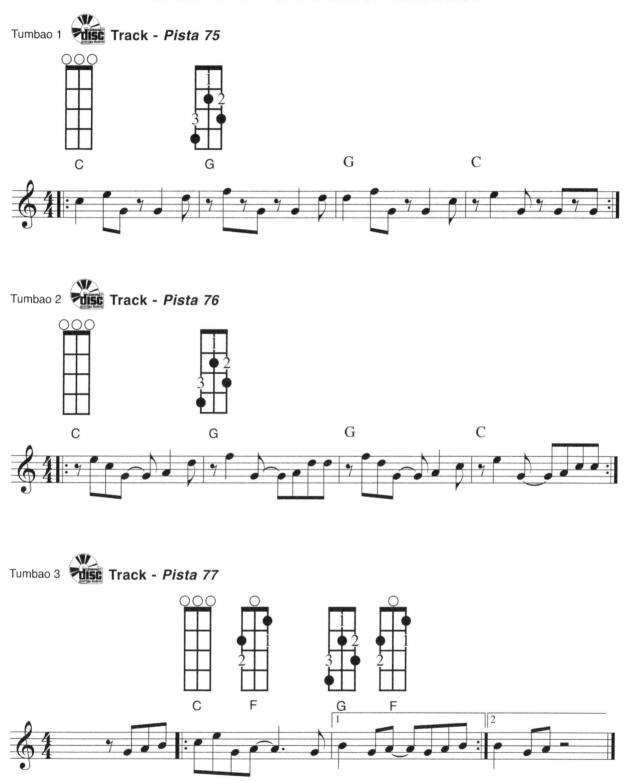

Similar to the triplet studies on page 16, the chords are shown in order to illustrate how the rhythmic structures are derived. The student should become familiar with the various patterns and positions.

El objetivo de colocar los acordes en cada tumbao, es para que el alumno vea la secuencia ritmica ya estudiada en la pagina 16 con los tresillos y se familiarise con los diferentes tipos de tumbao y posiciones.

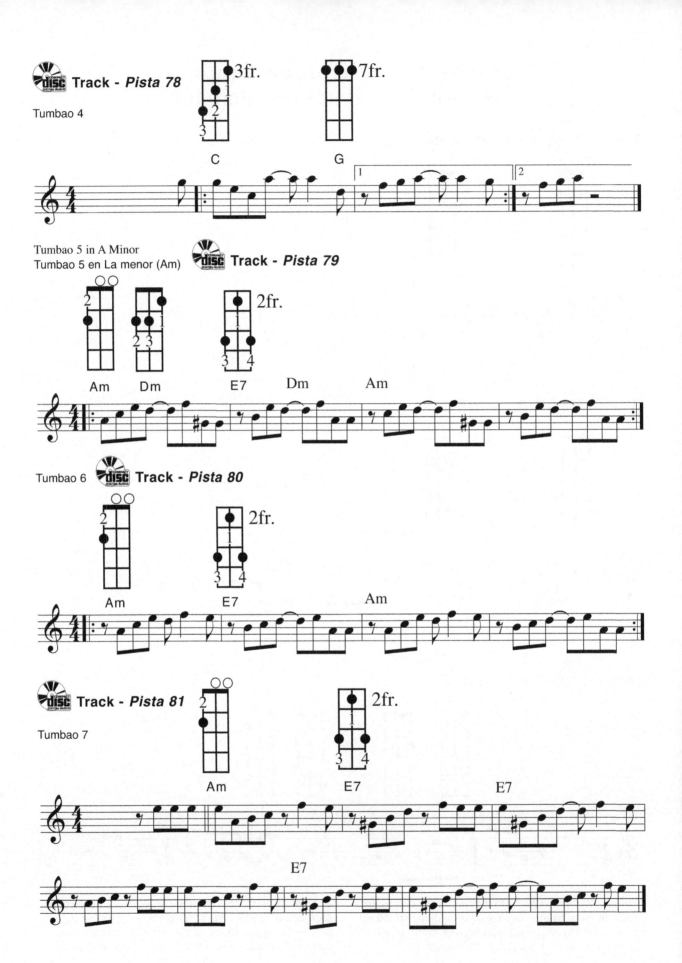

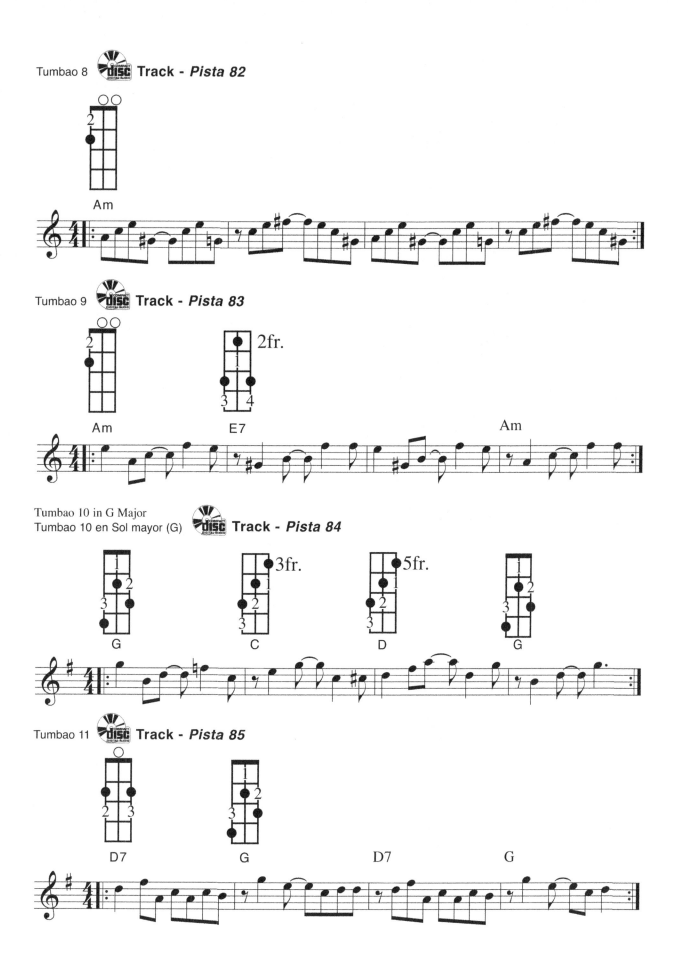

37

Tumbao 12  **Track -** *Pista 86*

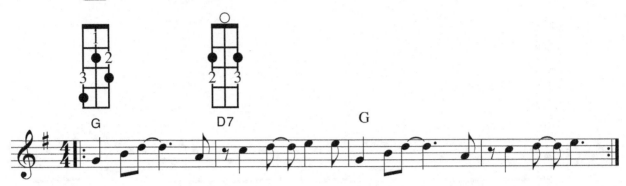

Tumbao 13 in F Major
Tumbao 13 en Fa mayor  **Track -** *Pista 87*

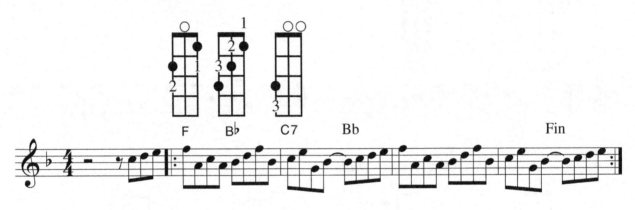

Tumbao 14 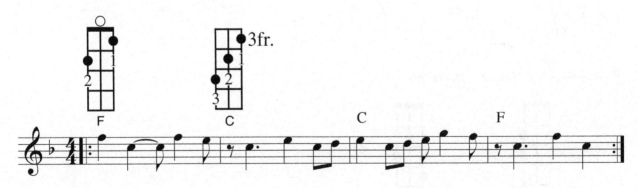 **Track -** *Pista 88*

Track - *Pista 93*

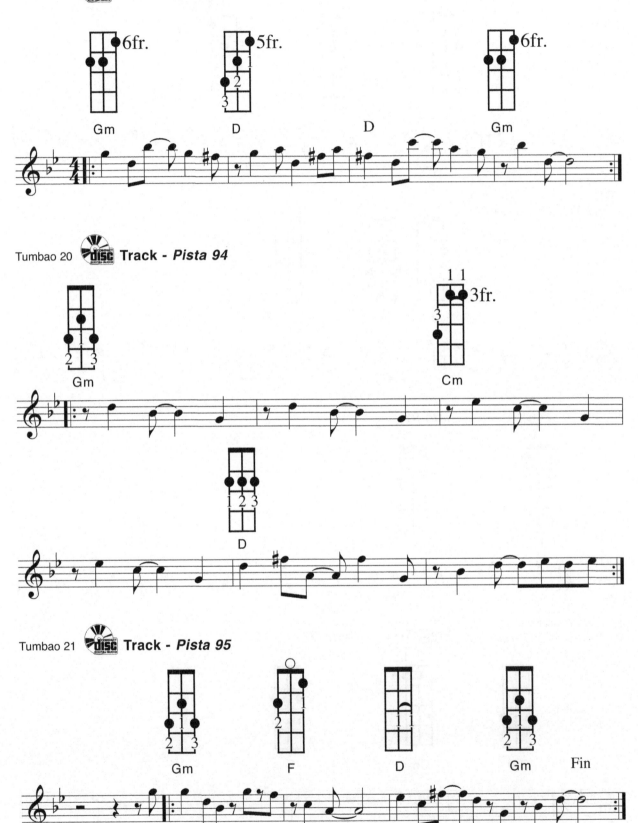

Tumbao 20 **Track - *Pista 94***

Tumbao 21 **Track - *Pista 95***

40

Tumbao 22 in A Major
Tumbao 22 en La mayor (A)  Track - *Pista 96*

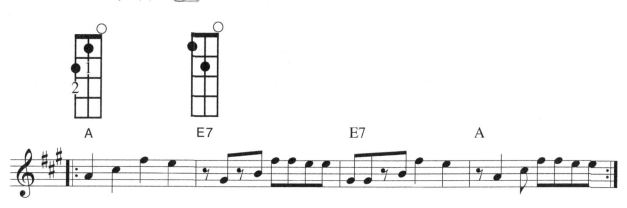

Tumbao 23  Track - *Pista 97*

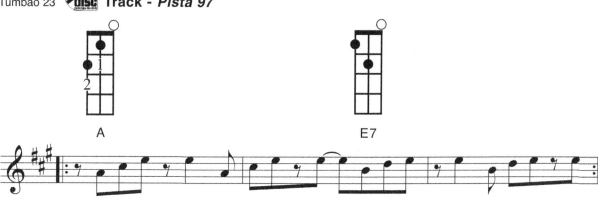

Tumbao 24  Track - *Pista 98*

Note:  **Track 99** on the CD contains two short solos, one after the other. These are for the student's enjoyment, and will also enable the listener to get a feel for the concept of playing the instrument.

Nota: En la  *Pista 99* al final del disco compacto, hay 2 solos cortos uno a continuacion del otro, para que el alumno lo disfrute y sienta el concepto del instrumento.

About the Author
Biografia

Joel Peña was born in Regla, Habana, Cuba. He began studying guitar privately at age 10, and entered the Conservatory of Music Guillermo Tomás in Guanabacoa, Cuba at age 14. He began studying the tres at age 18 and progressed quickly, landing a job with the band "Bambason" in Regla.

Soon thereafter, Peña began playing tres in earnest as part of the Beny Moré publishing house. He traveled throughout Cuba, playing in resorts and hotels with such bands as "Soneando" and The Patterson Sisters.

Peña came to the U.S. in 1996, and in 1999 he met bassist Edgar Hernandez in Los Angeles, where he joined Hernandez's band, "Charanga Cubana," recording two CDs with the group. Peña also appears with Joan Baez and Jackson Browne on the 2000 recording, *The Songs of Pete Seeger, Vol. 2*. In addition to playing regularly as a sideman with such bands as "Charanga Cubana," "Son y Clave," "Odara," and "Maggie Palomo y el Son de Los Angeles," Joel Peña maintains a busy schedule as a teacher and author.

Joel Peña nació el 26 de Agosto del 1970 en Regla, Ciudad Habana Cuba. A la edad de 10 años sintio inclinación por la música, comenzando estudios de guitarra con un maestro privado en su pueblo. Cuatro años más tarde matriculó en el conservatorio de música Guillermo Tomás en Guanabacoa. A la edad de 18 años comenzó a estudiar el tres con los conocimientos adquiridos en la guitarra y escuchando en la radio Sones y descargando en las casas se fueron desarrollando sus conocimientos en el tres, hasta que consiguió un trabajo con un conjunto en su pueblo llamado "Bambason."

Unos años más tarde entró en el duo las "Hermanas Patterson" como tresero, realizando su primer trabajo profecional trabajando en varios lugares en la capital y perteneciendo a la empresa musical Benny Moré. También formó parte en el quinteto "Soneando" trabajando en varios hoteles como el "Plaza" en la Havana Vieja y "Las Terrazas" en Playas del Este teniendo como patrocinadores a la empresa de música Ignacío Piñeiro.

En Octubre 30 del 1996 vinó hacia los EE.UU definitivamente a través de un sorteo. Tres años más tarde conocío a Edgar Hernandez director de "La Charanga Cubana" y desde entonces empezó a trabajar con él en diferentes lugares en Los Angeles, California y grabando con ellos el 2do CD llamado *Sigue la Añoranza*. En el 2000 realize una grabación con Jackson Browne y Joan Baez de la "Guantanamera" en un CD titulado *The Songs of Pete Seeger, Vol 2*. En estos momentos se encuentra en L.A. realizando varios proyéctos de grabación y trabajando con orquestas como "La Charanga Cubana," "Son y Clave," "Odara," "Maggie Palomo" y "El Son de Los Angeles."

CD Credits
Créditos del CD

Joel Peña - Tres

Jimmy Branly - Bass and Claves / Bajo y clave

Alfredo Ortiz - Percussion / Percusión

Recorded, mixed and mastered / Grabación, mescla y masterización
by / por: Jimmy Branly

Juan Vega - Translation from Spanish / Traducción al Ingles

Made in the USA
Coppell, TX
30 November 2022

87488378R00026